BEI GRIN MACHT SICH IHR WISSEN BEZAHLT

AF140312

- Wir veröffentlichen Ihre Hausarbeit,
  Bachelor- und Masterarbeit

- Ihr eigenes eBook und Buch -
  weltweit in allen wichtigen Shops

- Verdienen Sie an jedem Verkauf

Jetzt bei www.GRIN.com hochladen
und kostenlos publizieren

Bibliografische Information der Deutschen Nationalbibliothek:

Die Deutsche Bibliothek verzeichnet diese Publikation in der Deutschen National-bibliografie; detaillierte bibliografische Daten sind im Internet über http://dnb.d-nb.de/ abrufbar.

Impressum:

Copyright © 2018 GRIN Verlag
Druck und Bindung: Books on Demand GmbH, Norderstedt Germany
ISBN: 9783668916807

Dieses Buch bei GRIN:

https://www.grin.com/document/461823

Theo Lohwasser

Auswirkungen von sportlicher Betätigung auf die Psyche

GRIN Verlag

GRIN - Your knowledge has value

Der GRIN Verlag publiziert seit 1998 wissenschaftliche Arbeiten von Studenten, Hochschullehrern und anderen Akademikern als eBook und gedrucktes Buch. Die Verlagswebsite www.grin.com ist die ideale Plattform zur Veröffentlichung von Hausarbeiten, Abschlussarbeiten, wissenschaftlichen Aufsätzen, Dissertationen und Fachbüchern.

Besuchen Sie uns im Internet:

http://www.grin.com/

http://www.facebook.com/grincom

http://www.twitter.com/grin_com

Hans-Sachs-Gymnasium Nürnberg   Abiturjahrgang 2019

S E M I N A R A R B E I T

Rahmenthema des Wissenschaftspropädeutischen Seminars:
Sport und Gesundheit

Leitfach: *Sport*

Thema der Arbeit:

Auswirkungen von sportlicher Betätigung auf die Psyche

Verfasser/in: Theo Lohwasser

06. November 2018

Inhaltsverzeichnis

1. Einleitung

Die Auswirkungen von sportlicher Betätigung auf die Psyche finden heutzutage in Forschung und Praxis große Beachtung. Nicht umsonst hat etwa ein Weltkonzern wie die adidas AG diese Erkenntnisse in den Grundlagen ihrer Firmenphilosophie verankert: „Sport stärkt, baut das Selbstvertrauen auf und schafft lebenslange Freundschaften. Sport bekämpft Krankheiten und Depressionen" (vgl. adidas-group.com, 2018). Laut der adidas AG hat Sport einen beachtlichen Einfluss auf die menschliche Psyche und kann sowohl das Selbstvertrauen stärken als auch Depressionen bekämpfen. Aussagen wie diese geben einen Anreiz diese Thematik näher zu untersuchen.

In der vorliegenden Arbeit werden zunächst die beiden Schlüsselbegriffe Sport und Psyche erklärt und näher untersucht. Darauf folgt eine Erläuterung der verschiedenen Hypothesen zur Erklärung der biochemischen und neurologischen Prozesse und deren Auswirkungen auf die Psyche. Anschließend werden sowohl positive, als auch negative Effekte sportlicher Betätigung auf die menschliche Psyche aufgeführt. Zuletzt werden die Ergebnisse der Arbeit zusammengefasst und eine Prognose für den Gebrauch des Themengebiets für die Zukunft getroffen.

2. Begriffserklärung

2.1 Sport

Der Begriff Sport stammt etymologisch vom lateinischen Verb „deportare" = sich zerstreuen. Im Französischen bzw. im Englischen erfolgte dann eine Substantivierung zu „desport" bzw. „disport" = Vergnügen.[1] Nach Bernett ist Sport eine "spontane motorische Aktivität aus spielerischem Antrieb, die nach meßbarer [sic] Leistung und geregeltem Wettkampf strebt" (vgl.: H. Bernett, 1971, S.144). Die Komponente des Wettkampfs wird auch im Duden erwähnt. Dort wird Sport als eine körperliche Ertüchtigung, die nach bestimmten Regeln und aus Freude und Spaß zur Bewegung ausgeübt wird bezeichnet.[2] Nach diesen Definitionen zählen, neben der Bewegung, Spiel und Wettkampf, auch der Faktor Spaß zu wichtigen Begrifflichkeiten des Sports. Zudem kann man nach Haag Sport in verschiedene Bereiche unterteilen. Die verschiedenen Formen des Sports reichen von der Ausprägungsform des Spiels (z.B.

---

[1] vgl.: Koch, Karl – Sportkunde für den Kursunterricht in der Sekundarstufe II, 1976, S.83-84
[2] vgl.: https://www.duden.de/rechtschreibung/Sport, 31.10.2018

Kinderspiel) bis zum Ernstfall des Kampfes oder der Arbeit (z.B. Berufsfußball).[3] Im Wesentlichen unterscheidet man zwischen Breitensport und Leistungssport.[4] Sportliche Betätigung kann in Form einer Mannschaftssportart oder in Form einer Individualsportart betrieben werden.[5] Nach Röthig kann Sport auch "nicht-körperliche Aktivitäten (Kartenspiel) sowie körperliche Aktivitäten ohne Interaktion (z.B. Sportangeln) einschließen" (vgl. P. Röthig, 2003, S.279). In dieser Arbeit wird der Begriff Sport allerdings nur im Sinne von tatsächlicher körperlicher Betätigung verwendet.

2.2 Psyche

Der Begriff Psyche stammt etymologisch aus dem Altgriechischen (ψυχή = Seele).[6] In der Antike wurde er als Personifizierung des vitalen Prinzips, also im Gegensatz zum materiellen Körper oder Soma verwendet.[7] Nach Möller kann die Übersetzung aus dem altgriechischen wörtlich genommen werden. Er setzt die Seele mit der Psyche gleich, welche alles beschreibt, "was sich auf seelische Vorgänge bezieht" (vgl. H. J. Möller, 1996, S. 560). Im Duden umfasst der Begriff Psyche das menschliche Fühlen, Empfinden und Denken.[8] Nach Meili steht der Begriff Psyche für die "Gesamtheit der geistigen Vorgänge, der psychischen Funktionen und der Beweggründe des Verhaltens" (vgl. M. Reinhardt, 1972, Spalte 11). In der Psychoanalyse von Sigmund Freud ist die Psyche "Bewusstes – Unbewußtes [sic], die Subjektivität, im Ggs. Zu dem rein Organischen" (vgl. M. Reinhardt, 1972, Spalte 11). Ähnlich ist auch die Definition nach Digel, der zudem insbesondere die emotionalen Vorgänge und Funktionen betont.[9] In der Tiefenpsychologie wird der Begriff allerdings anders verwendet. Diese verwendet ihn dazu, um religiöse und spiritualistische Nebenbedeutungen der Ausdrücke Seele oder Geist zu vermeiden.[10] Somit steuert die Psyche das gesamte seelische und innere Leben des Menschen.

---

[3] vgl.: Koch, Karl – Sportkunde für den Kursunterricht in der Sekundarstufe II, 1976, S.83-84
[4] vgl.: G. Kirschling – Begriffe und Begriffserläuterungen zur Sportanalyse, 2010, S.3
[5] vgl.: F. Seeger – Coaching im Wettkampfsport, 2008, S.6
[6] vgl.: https://www.wortbedeutung.info/Psyche/, 02.11.2018
[7] vgl.: M. Reinhardt – Lexikon der Psychologie, 1972, Spalte 11
[8] vgl.: https://www.duden.de/rechtschreibung/Psyche_Seele_Gemuet_Innenleben, 02.11.2018
[9] vgl.: W. Digel – Meyers großes Taschenlexikon, 1987, S. 337
[10] vgl.: M. Reinhardt – Lexikon der Psychologie, 1972, Spalte 11

3. Biochemische und neurologische Prozesse

Die Wirkweise von körperlicher Aktivität auf die körperliche Gesundheit zu erklären ist Aufgabe sportmedizinischer und epidemiologischer Forschung. Um die Wirkmechanismen für günstige Effekte körperlicher Aktivität auf die psychische Gesundheit zu erklären gibt es in der sportpsychologischen Literatur verschiedene Hypothesen.[11] In den vorliegenden Ansätzen werden physiologische und psychologische Wirkmechanismen oder Kombinationen aus diesen, so genannte Mischmodelle berücksichtigt. Zudem werden allgemeine und sportspezifische Modelle unterschieden.[12]

3.1 Physiologische Hypothesen

Die Thermo-Regulations-Hypothese geht davon aus, dass die Durchblutung peripherer Organe, die Stoffwechselintensität, die Sauerstoffversorgung des zentralen Nervensystems, die Körpertemperatur und auch die Empfindlichkeit der Sinnesrezeptionen durch sportliche Aktivität zunimmt. Durch die genannten Faktoren wird das Wohlbefinden eines Individuums in positiver Weise gesteigert. Nach Schlicht steigt die Körpertemperatur nach 15 bis 20 Minuten extensivem Laufen auf etwa 38,5 Grad Celsius, wodurch die Stoffwechselintensität mit jedem Grad an Temperaturerhöhung um 13 % steigt.[13]

In der Katecholaminhypothese geht man davon aus, dass biogene Amine zu einer Verbesserung negativer Stimmungszustände führen. Man hat beobachtet, dass depressive Stimmungszustände im Zusammenhang mit einem Mangel an Katecholaminen oder ihren Stoffwechselendprodukten Norepinephrin, Dopamin und Serotonin stehen.[14] Das Zentralnervensystem, welches vor allem für die Auslösung und Steuerung von Emotionen verantwortlich ist, produziert die Katecholamine und biogene Amine. Nach Schrode hängt die Ausschüttung der Katecholamine von Art und Intensität der körperlichen Belastung ab. Aufgrund des festgestellten Anstiegs von Noradrenalin und Serotonin bei aerober Belastung lässt sich darauf schließen, dass ein negativer emotionaler Zustand in Richtung Wohlbefinden beeinflusst wird.[15]

---

[11] vgl.: R. Brand – Sportpsychologie, 2010, S. 54-55
[12] vgl.: P. Wagner, W. Brehm – Enzyklopädie der Psychologie, 2008, S. 573
[13] vgl.: P. Wagner, W. Brehm – Enzyklopädie der Psychologie, 2008, S. 573
[14] vgl.: P. Schwenkmezger – Einführung in die Sportpsychologie, 2001, S. 257
[15] vgl.: P. Wagner, W. Brehm – Enzyklopädie der Psychologie, 2008, S. 573

Die vermutlich bekannteste physiologische Hypothese, die sogenannte Endorphinhypothese besagt, dass sowohl während, als auch nach einer aeroben sportlichen Aktivität vermehrt körpereigene Substanzen, die in ihrer Wirkung den endogenen Opioiden zugeordnet sind, freigesetzt werden. Opioide wie Endorphine, Enkephaline und Dynorphine sind körpereigene Neurotransmitter, welche zur Informationsübertragung zwischen den Nervenzellen dienen. Die Opioidrezeptoren sind hautsächlich in Hirnarealen wie dem limbischen Teil des Zentralnervensystems lokalisiert und verlaufen durch die Schmerzbahnen. In diesen erfolgt die Bindung von Endorphinen. Die höhere Konzentration von Beta-Endorphin während der Ausübung einer sportlichen Aktivität führt zu einer Reduzierung der Schmerzempfindung unter Belastung und löst positive Befindensveränderungen aus. Allerdings muss man berücksichtigen, dass es erst ab einer Belastungszeit von etwa 30 bis 60 Minuten oder einer höheren Intensität (> als 4 mmol/Lactat) zu einer bedeutsamen Erhöhung der Beta-Endorphinkonzentration kommt. Im Breiten- und Gesundheitssport werden die genannten Belastungsparameter selten erreicht, wodurch die Endorphinhypothese für diese nicht gelten kann. Schlicht zieht das Fazit, dass die bislang vorliegenden Befunde nicht nahelegen, dass Endorphin der Grund für Stimmungssteigerungen im Breiten- und Gesundheitssport ist.[16]

Ein anderer psychophysiologischer Ansatz ist die Immunsystemmodulations-hypothese, welche etwa seit dem Jahr 1990 stärkere Aufmerksamkeit erfährt. Nach dieser treten nach sportlicher Betätigung hormonale Adaptionen auf, die eine Immunmodulation zur Folge haben können.[17] Moderat ausgeführte sportliche Aktivität soll den Belegen zufolge zu einer Stärkung des Immunsystems führen, während dauerhafte und hochintensive sportliche Aktivität zu einer Immunsuppression führen kann.[18]

3.2 Psychologische Hypothesen

Die Hypothese von der allgemeinen und sportspezifischen Wirksamkeit mediativer Bewusstseinszustände besagt, dass Personen bei einem Gleichgewicht von Leistungsanforderung und Fähigkeiten in einen Bewusstseinszustand geraten, der lustvoll und stimmungssteigernd erlebt wird. Dieser Zustand wird auch als „Flow"-

---

[16] vgl.: P. Wagner, W. Brehm – Enzyklopädie der Psychologie, 2008, S. 573-574
[17] vgl.: P. Wagner, W. Brehm – Enzyklopädie der Psychologie, 2008, S. 574
[18] vgl.: P. Schwenkmezger – Einführung in die Sportpsychologie, 2001, S. 259

Erlebnis bezeichnet und tritt vor allem auf, wenn die Anforderungen über der persönlichen Kapazität liegen, die Aufgabe aber trotzdem bewältigt wird.[19] Somit verschmelzen Handlung und Bewusstsein, ohne dass der Handelnde die Kontrolle verliert. Der beschriebene Bewusstseinszustand ist mit einem hohen Maß an Selbstwirksamkeits- und Kontrollerleben verknüpft. Wenn eine Sportart „ihrer Sache" wegen ausgeübt wird kommt es zu der Passung zwischen Anforderung und Können, wodurch Voraussetzungen für ein Gefühl der Tätigkeitsfreude und einem erhöhten Lebensgefühl gegeben sind. Zudem sind Rhythmisierung und die vollständige Konzentration auf eine Aufgabe günstige Voraussetzungen für das Erleben von „Flow".[20]

Die Ablenkungshypothese bezieht sich auf eine potenzielle Reduktion stressbezogener Zustände wie zum Beispiel Spannungszustände oder negative Emotionen. Durch die Ausübung sportlicher Aktivitäten wird ein gewisser Anteil an Informationsaufnahme- und Verarbeitungskapazität beansprucht, wodurch die Wahrnehmung von Stressoren gar nicht oder nur eingeschränkt erfolgen kann. Die Person wird somit von den eigentlichen Stressepisoden abgelenkt und es kommt zu einer Reduktion der Stressreaktionen. Allerdings zeigt Schlicht in mehreren Synopsen wissenschaftlicher Arbeiten, dass in diesem Modell die empirische Bewährung fehlt.[21]

Eine andere Hypothese, der die Annahme von Bandura als Ausgangspunkt dient, besagt, dass das Wissen um die eigenen Leistungsmöglichkeiten, die Bewusstheit schwierige Situationen selbst bewältigen zu können, der Glaube an die eigene Stärke und die Fähigkeit zur Situationskontrolle wichtige Merkmale für Wohlbefinden, seelische Gesundheit und Stressresistenz darstellen. Diese Fähigkeiten werden mit dem Begriff der Selbstwirksamkeit zusammengefasst. Man vermutet, dass Selbstwirksamkeitserwartung, Stressresistenz, Wohlbefinden und insgesamt die seelische Gesundheit durch sportliche Aktivität gesteigert wird. Allerdings fehlen auch für dieses Modell noch die empirischen Belege.[22]

---

[19] vgl.: P. Schwenkmezger – Einführung in die Sportpsychologie, 2001, S. 259
[20] vgl.: P. Wagner, W. Brehm – Enzyklopädie der Psychologie, 2008, S. 574-575
[21] vgl.: P. Wagner, W. Brehm – Enzyklopädie der Psychologie, 2008, S. 575
[22] vgl.: P. Schwenkmezger – Einführung in die Sportpsychologie, 2001, S. 259

3.3 Mischmodelle

Das zweidimensionale Aktivierungsmodell von Thayer (1989) bildet eine Kombination physiologischer und psychischer Wirkmechanismen. Laut Thayer hat sportliche Betätigung eine angstmindernde Wirkung, welche er anhand der Existenz eines energetischen und eines emotionsbezogenen Systems erklärt. Die beiden genannten Aktivierungssysteme korrelieren bei hoher Aktiviertheit negativ miteinander. Das heißt, dass infolge von sportlicher Betätigung, bei der eine hohe energetische Aktiviertheit herrscht emotionsbezogene Spannungen reduziert, oder vollständig deaktiviert werden. Somit verändern sich negative Stimmungszustände in positiver Weise.[23]

Die Hypothese der Kumulation spezifischer Effekte besagt, dass eine Kombination der bereits aufgeführten Wirkmechanismen zu einer Wohlbefindenssteigerung oder einer besseren Stressresistenz führen. Bei längerer Übung lassen sich diese Effekte stabilisieren.[24]

Bei einigen psychologischen Interventionsformen stellt die Wirksamkeit unspezifischer Begleitumstände einen Ansatz dar. Somit könnten abgesehen von den aufgeführten Hypothesen auch sogenannte Placeboeffekte, also allgemeine Bedingungen zu einer Veränderung des psychischen Wohlbefindens führen. Demnach kann sich allein die Tatsache, dass eine sportliche Aktivität gemeinsam mit anderen Personen, die man als sympathisch erlebt ausgeübt wird, positiv auf die Psyche des Menschen auswirken.[25]

4. Effekte von sportlicher Betätigung auf die Psyche

4.1 Kurzfristige Effekte auf die psychische Gesundheit

Kurzfristige Effekte von sportlicher Betätigung auf die psychische Gesundheit des Menschen sind ein schon lange bekanntes und gut dokumentiertes Phänomen in der Sportpsychologie. Nach William Morgan ist es offensichtlich, dass durch sportliche Aktivität negative Stimmungen gesenkt und positive Stimmungen gehoben werden können. Dieses Prinzip nennt man Eisbergprofil und ist gut belegt. Besonders aerobes Ausdauertraining soll einen großen Einfluss auf die Stimmung nehmen. Die Effekte sind allerdings kurzfristiger Natur und verschwinden nach etwa vier Stunden. Auch

---

[23] vgl.: P. Schwenkmezger – Einführung in die Sportpsychologie, 2001, S. 259-260
[24] vgl.: P. Schwenkmezger – Einführung in die Sportpsychologie, 2001, S. 260
[25] vgl.: P. Schwenkmezger – Einführung in die Sportpsychologie, 2001, S. 260

McDonald und Hodgon berichten von positiven Effekten von aerobem Ausdauertraining auf aktuelle Stimmungsvariablen. Abele und Brehm, Schega und Stoll sowie Ness konnten auch in anderen Bereichen wie im fitnessorientierten Sport oder im sporttherapeutischen Kontext positive Effekte nachweisen. Es lässt sich festhalten, dass durch sportliche Betätigung, kurzfristige, bis zu vier Stunden anhaltende Befindlichkeitsveränderungen auftreten. Für diese ist aerobes Training am besten geeignet. Zudem ist zu konstatieren, dass sich auch in psychologischen Interventionsformen, wie zum Beispiel Entspannungstraining ähnliche Effekte zeigen.[26]

In einer Studie von Alfermann und Stoll zeigen die Autoren, dass auch andere sportliche Aktivitäten als Ausdauersport zu einem Eisbergprofil führen und dass die Befindlichkeitsveränderungen durch Sportspiele im Trainingskontext anders ausfallen, da der Disäquilibrationseffekt bei diesen nicht eintritt. Anders ist dies im Wettkampfkontext. In Sportspielen wie dem Langstreckenlauf, hängt die Stimmungsveränderung vom Ergebnis ab. Nach Erfolg steigt die Laune und nach Misserfolg verschlechtert sich die Stimmung, unabhängig von der Wichtigkeit des Wettkampfes.[27]

4.2 Langfristige Effekte auf die psychische Gesundheit

4.2.1 Stressreaktivität

Aufgrund der biologischen Anpassungserscheinungen durch regelmäßig betriebenen Sport, wie zum Beispiel einem verringerten Ruhepuls, einem niedrigeren Blutdruck, verbesserter Erholungsfähigkeit und einer ökonomischeren Herztätigkeit, liegt es nahe, dass Sport eine Möglichkeit zur Verbesserung der Stressreaktivität ist. Gerber vermutet, dass "durch sportliche Aktivität unspezifische Anpassungsvorgänge hervorgerufen werden, so dass bei Sporttreibenden die Stressreaktivität auch bei sportfremden Stressoren geringer ausfällt" (vgl.: Gerber, 2008, S.169). Dies wird in Laborstudien nach einem typischen Paradigma untersucht, in denen Probanden mit verschiedenen Aufgaben konfrontiert werden. Die gestellten Aufgaben sind kognitive Aufgaben wie zum Beispiel der Stroop Test, Rechenaufgaben oder Anagramme, welche unter Zeitdruck und/oder ablenkenden Bedingungen gelöst werden sollen.

---

[26] vgl.: D. Alfermann, O. Stoll – Lehrbuch Sportpsychologie, 2010, S. 301
[27] vgl.: D. Alfermann, O. Stoll – Lehrbuch Sportpsychologie, 2010, S. 302-303

Zudem werden psychomotorische Aufgaben, wie beispielsweise das Determinationsgerät des Wiener Testsystems gestellt. Bei diesem antworten die Probanden mit zuvor erlernten Reaktionen, wie dem Drücken von Tasten oder Fußhebeln, auf visuelle und akustische Reize. Der Experimentator kann die Geschwindigkeit der Reizdarbietung variieren. Das verwendete Determinationsgerät erlaubt sowohl Quantität als auch Qualität der Reaktionen. Um die Wirkung von sportlicher Aktivität auf die Testergebnisse zu überprüfen, werden trainierte und untrainierte Probanden gegenübergestellt, oder eine Gruppe von Probanden wird einer kurzfristigen sportlichen Belastung ausgesetzt, während eine andere Gruppe nicht belastet wird. Die Reaktivität auf den erlebten Stress wird während der Testdurchführung durch physiologische Belastungsreaktionen gemessen. Zu diesen gehören Herzfrequenz, Atemfrequenz, Erholungsfähigkeit, elektromyographische Reaktionen, Hautwiderstand und systolischer und diastolischer Blutdruck. Zudem füllen die Probanden einen Fragebogen aus, der zum Beispiel aus State-Angstskalen oder Ratingskalen besteht um die subjektiv erlebte Beanspruchung zu erfassen. Crews und Landers stellen in einer Metaanalyse fest, dass Personen, die regelmäßig moderaten Sport betreiben eine geringere Stressreaktivität aufweisen, als Personen die keinen regelmäßigen Sport betreiben. Zudem stellen sie fest, dass sich längerfristige sportliche Betätigung günstiger auf die Stressreaktivität auswirkt als kurzfristige. In Abbildung 1 sind die Ergebnisse der Metaanalyse von Crews und Landers abgebildet. Sie unterscheiden Moderatorvariablen und Abhängige Variablen. Gemessen werden die Anzahl der Effekte sowie die Effektstärken. Wie aus der Tabelle hervorgeht beträgt die durchschnittliche Effektstärke 0.48, was bedeutet, dass die Stressreaktivität durch sportliche Betätigung um etwa eine halbe Standardabweichung verringert werden kann und somit eine mittlere Effektstärke aufweist.[28]

In vielen Studien ist festzustellen, dass die Effektstärken nach regelmäßigem und langfristigem Sport höher als nach kurzfristigem Training sind. Zudem fallen die Effektstärken bei Männern höher aus als bei Frauen, wozu allerdings zu erwähnen ist, dass die Zahl der Studien mit Frauen bei acht Effektstärken liegt und somit sehr gering ist. Insgesamt ist aber festzustellen, dass es bis zum jetzigen Zeitpunkt noch nicht genügend Studien gibt, in denen beide Geschlechter berücksichtigt werden. Somit

---

[28] vgl.: D. Alfermann, O. Stoll – Lehrbuch Sportpsychologie, 2010, S. 307-308

lässt sich noch keine zuverlässige Aussage über eine geschlechtstypische Reaktion auf Stress zu machen.[29]

In neueren Metaanalysen werden vorsichtigere Aussagen, als die von Crews und Landers getroffen. Eine verringerte Stressreaktivität nach sportlicher Aktivität ist aber unstrittig. Allerdings werden die Effektstärken niedriger eingeschätzt. Hamer et al. berichten aus 15 experimentellen Studien Effektstärken von 0.38 und 0.40 für den systolischen und diastolischen Blutdruck. Jackson und Dishman berichten für ausschließlich experimentelle Studien gar keinen Effekt. Zudem gehen aus ihren Studien keine Unterschiede zwischen trainierten und untrainierten Probanden in der Stressreaktivität hervor. Die Erholungsfähigkeit bei Trainierten ist allerdings besser.[30]

Insgesamt ist zu sagen, dass sportliche Betätigung eine leichte, Stress puffernde Wirkung auf die Reaktivität bei sportfremden Belastungen hat, diese aber unabhängig vom Fitnesszustand der Person ist. Zudem lässt sich durch sportliche Aktivität die Erholungsfähigkeit nach Stressbelastung verbessern. Durch regelmäßigen Sport reagiert eine Person zwar genauso auf Stress wie eine Sportabstinente, erreicht aber danach schneller ihr physiologisches Gleichgewicht.[31]

4.2.2 Selbstkonzept und Selbstwertgefühl

Ein wichtiger Bestandteil der psychischen Gesundheit eines Menschen ist ein positives Selbstkonzept. Dieses ist grob das Bild, das sich eine Person von sich selbst macht und wird vor allem durch die Auseinandersetzung mit der eigenen Umwelt entwickelt. Beeinflusst wird das Selbstkonzept von eigenen Interpretationen und Rückmeldungen der Umgebung. Zudem werden die Handlungen einer Person von ihrem Selbstbild beeinflusst. Eine Person, die sich eine sportliche Aktivität zutraut, nimmt diese in ihr Aktivitätsspektrum auf. Veränderungen in Diesem ziehen langfristig auch Veränderungen im Selbstkonzept nach sich. Zu den Auswirkungen von sportlicher Aktivität auf das Selbstkonzept einer Person, liefern vor allem experimentelle Studien Antworten, die allerdings aufgrund von Unterschieden in Konzeption, Termini und Operationalisierung oft nicht miteinander vergleichbar sind.

---

[29] vgl.: D. Alfermann, O. Stoll – Lehrbuch Sportpsychologie, 2010, S. 308-309
[30] vgl.: D. Alfermann, O. Stoll – Lehrbuch Sportpsychologie, 2010, S. 309
[31] vgl.: D. Alfermann, O. Stoll – Lehrbuch Sportpsychologie, 2010, S. 309

Ein Großteil der Studien ist für die Altersgruppen Kindheit, Jugend und mittleres Erwachsenenalter zu finden.[32]

Hilyer und Mitchell zeigen in einer älteren Studie, dass sich das Selbstkonzept durch sportliche Aktivität in positiver Weise verändern kann. Auch Alfermann, Stiller und Würth weisen ein positiveres Selbstkonzept in den Bereichen Kraft und koordinative Fähigkeiten nach. Nach Brettschneider und Heim kann Leistungssport eine Möglichkeit bieten, in Kontakt mit Gleichaltrigen zu kommen und intellektuelle Fähigkeiten zu fördern. Anhand von experimentellen Befunden ziehen Whitehead und Corbin den Schluss, dass Sport und Bewegung einen wichtigen Beitrag zur Entwicklung des eigenen Selbstwertgefühls haben. Kinder mit einem geringen Selbstwertgefühl profitieren hierbei am meisten von sportlicher Aktivität. Ekeland et al. weisen bei einem Vergleich von sportlicher Aktivität versus keine sportliche Aktivität eine durchschnittliche Effektstärke von 0.49 auf das Selbstwertgefühl nach. Nach Fox können die Ergebnisse dahingehend zusammengefasst werden, dass durch sportliche Betätigung das Selbstkonzept positiv beeinflusst werden kann. Allerdings profitieren diejenigen Personen am meisten, die zu Beginn einen niedrigen Selbstwert haben. Die Ergebnisse zum Selbstwertgefühl sind allerdings weniger deutlich. In diesen wird in weniger als der Hälfte eine Verbesserung des Selbstwertgefühls erreicht. Spencer et al. finden in ihrer Metaanalyse eine Effektstärke von durchschnittlich gerade einmal 0.23 für das Selbstwertgefühl. Die Effekte treffen für beide Geschlechter zu, allerdings fällt die Effektstärke im jungen und mittleren Erwachsenenalter höher aus als im Alter.[33]

Sport und Bewegung wirken sich nicht direkt auf die Erhöhung des Selbstwertgefühls oder einer Verbesserung des Selbstkonzepts aus, sondern wirken als Moderatorvariablen. Sonstroem und Morgan versuchen dieses Prinzip mit ihrem Exercise and Self-Esteem-Modell darzustellen. In diesem gehen sie von bottom-up-Prozessen aus. Die physische Selbstwirksamkeit wirkt sich auf die physische Kompetenz aus, welche sich wiederum auf die physische Attraktivität und das Selbstwertgefühl auswirkt. Auch die physische Attraktivität nimmt Einfluss auf das Selbstwertgefühl.[34] Das genannte Modell ist in Abbildung 2 zu sehen.

---

[32] vgl.: D. Alfermann, O. Stoll – Lehrbuch Sportpsychologie, 2010, S. 309 ff.
[33] vgl.: D. Alfermann, O. Stoll – Lehrbuch Sportpsychologie, 2010, S. 312-313
[34] vgl.: D. Alfermann, O. Stoll – Lehrbuch Sportpsychologie, 2010, S. 313-314

In der Weiterentwicklung kommen zudem noch top-down-Prozesse hinzu. Demnach kann sportliche Betätigung zu einer Erhöhung der Selbstwirksamkeit führen, welche wiederum zu einem höheren Selbstwertgefühl führt. Das genannte Modell wurde bereits mehrfach durch Stichproben mit Erwachsenen Probanden überprüft und die Annahme, dass sich Sport und Bewegung auf das physische Selbstkonzept auswirken bestätigt. Nachweise für die positive Beeinflussung des Selbstwertgefühls gibt es allerdings noch nicht.[35]

4.2.3 Angst und Depression

Vor allem im angloamerikanischen Raum wird der Frage nach der Wirksamkeit körperlicher Aktivität auf Angst und Depressionen nachgegangen. Im Vordergrund stehen die Verminderung und die Bewältigungsmöglichkeiten der genannten gesundheitlichen Probleme und Beschwerden durch die Anwendung von Sport. Besonders die Angst wird besonders häufig untersucht. Die Befunde der Forschungsaktivitäten legen eine Reduzierung der Zustandsangst sowohl während, als auch nach sportlicher Aktivität nahe. Allerdings lassen sich die Angstreduzierenden Effekte nicht nur auf die körperliche Aktivität zurückführen, sondern können beispielsweise auch durch Entspannung oder durch Essen erreicht werden. Nach Morgan können alle Aktivitäten zu einer Angstreduktion führen, die den Gedankenfluss einer Person unterbrechen. Bewegungsaktivitäten könnten dadurch allerdings eine große Bedeutung haben, da sie eine längere Angstreduktion zur Folge haben als andere Unterbrechungen. Ein Großteil der Studien kommt zu dem Ergebnis, dass die Eigenschaftsangst durch sportliche Aktivität bei Teilgruppen der Probanden vermindert werden kann. Hierfür eignet sich vor allem ein aerobes Ausdauertraining mit mittlerer Intensität. Sowohl in epidemiologischen Längsschnittstudien, als auch in kontrollierten Vergleichsstudien mit unterschiedlichen Interventionen zeigt sich eine Reduzierung depressiver Symptome. Bei Personen mit ungünstigen Ausgangswerten verbessern sich die Angst- und Depressionswerte deutlich stärker als bei Personen mit einem positiven Ausgangsniveau. Obgleich sportliche Betätigung mit anderen Therapieformen zur Verbesserung depressiver Symptomatik und Angstsymptomatik vergleichbar ist kann aufgrund der bislang fehlenden empirischen Belege nicht bewiesen werden. Nach Schlicht sind abgesehen von aerobem Ausdauertraining auch andere sportliche Aktivitäten wirksam. Allerdings müssen hierbei vor allem alters- und

---

[35] vgl.: D. Alfermann, O. Stoll – Lehrbuch Sportpsychologie, 2010, S. 313-314

geschlechtsspezifische Effekte berücksichtigt werden, da beispielsweise Frauen jeden Alters von verschiedenen Formen sportlicher Aktivität profitieren, während Männer mittleren und höheren Alters eher von aerobem Ausdauertraining profitieren.[36]

Mutrie fasst den Stand der Forschung sorgfältig zusammen. Auf der Basis ausgewählter epidemiologischer Studien konstatiert er, dass das Risiko, eine Depression zu entwickeln bei sportlich aktiven Menschen geringer ist als bei Inaktiven. Mutrie zieht den Schluss, dass sowohl aerobe, als auch anaerobe Sportprogramme zur Reduktion der Depression führen können.[37]

Oftmals fehlt in den Studien eine Differenzierung nach Qualität und Schwere der Symptome, weshalb sich die Studien schwer vergleichen lassen. Zudem lassen kleine Stichproben und hohe Abbrecherquoten in den Interventionsgruppen eine Generalisierung des Befunds nicht zu. Auf Grunde dessen warnen Petruzzello, Landers, Hatfield, Kubitz, Salazar und Schlicht vor einer Überschätzung der Effekte von sportlicher Betätigung auf Angst und Depressionen.[38]

4.2.4 Übertrainingssyndrom und sportliches Burnout

Zusätzlich zu den genannten positiven Effekten von sportlicher Betätigung auf die Psyche müssen auch die negativen Effekte beachtet werden. Diese treten vor allem im Leistungs- und Hochleistungssport auf, können aber auch Freizeitsportler betreffen. Die Phänomene des Übertrainings und des sportlichen Burnouts sind besonders bekannt.[39]

Das Übertrainingssyndrom umfasst körperliche und psychische Aspekte. Zunächst kommt es zu einer Leistungsstagnation, auf die ein Abfall der sportartspezifischen Leistungsfähigkeit folgt. Diese tritt trotz weitergeführtem Training auf. Auch nach etwa zwei bis drei Wochen Regenerationsphase ist der Abfall der Leistungsfähigkeit noch nachzuweisen. Zusätzlich findet sich bei Sportlern mit dem Übertrainingssyndrom meist eine physische und psychische Erschöpfung. Hinzu kommen depressive Symptome wie Niedergeschlagenheit, Stimmungslabilität, Gleichgültigkeit,

---

[36] vgl.: P. Wagner, W. Brehm – Enzyklopädie der Psychologie, 2008, S. 562-563
[37] vgl.: P. Wagner, W. Brehm – Enzyklopädie der Psychologie, 2008, S. 563
[38] vgl.: P. Wagner, W. Brehm – Enzyklopädie der Psychologie, 2008, S. 564
[39] vgl.: K.-H. Schulz, A. Meyer, N. Langghut – Körperliche Aktivität und psychische Gesundheit, 2011, S.59

Reizbarkeit, verringertes Selbstvertrauen, Ruhelosigkeit, Schlafstörungen, Appetitlosigkeit, Gewichtsverlust, Konzentrationsstörungen und Ängstlichkeit.[40]

Während Personen mit einem Übertrainingssyndrom häufig noch ein ausreichendes Maß an Motivation für sportliche Aktivität zeigen, haben Personen mit einem sportlichen Burnout einen zusätzlichen Antriebs- und Motivationsverlust. Zudem kommt es zu einer negativen Bewertung der ausgeübten Sportart. Als Ursache werden vor allem eine zu hohe Trainingsintensität, ein zu hoher Trainingsumfang und häufige Wettkämpfe ohne ausreichende Erholungsphasen diskutiert. Zudem spielen vermutlich weitere Bedingungen, wie psychosoziale Stressfaktoren oder die Entwicklung eines depressiven Syndroms eine Rolle. Sowohl die körperlichen, als auch die psychischen Belastbarkeitsgrenzen, die bei einer Überschreitung zum Übertraining oder sportlichen Burnout führen unterscheiden sich bei Sportlern stark.[41]

5. Schluss

Zahlreiche wissenschaftliche Studien belegen einen Zusammenhang von Sport und Psyche, wobei die positiven Effekte überwiegen, solange die körperlichen Grenzen nicht deutlich überschritten werden. Allerdings stützt sich die Wissenschaft hauptsächlich auf Hypothesen zu denen die empirischen Belege häufig fehlen. Ungeachtet dessen wird Sport auch heutzutage schon eingesetzt um beispielsweise die psychische Gesundheit der Angestellten eines Konzerns wie der adidas AG aufrecht zu erhalten. Mit fortschreitender Forschung auf diesem Gebiet wird dies in Zukunft vermutlich keine Seltenheit bleiben. Zudem kann Sport als Therapieform zur Behandlung von psychischen Krankheiten genutzt werden.

---

[40] vgl.: K.-H. Schulz, A. Meyer, N. Langghut – Körperliche Aktivität und psychische Gesundheit, 2011, S.59-60
[41] vgl.: K.-H. Schulz, A. Meyer, N. Langghut – Körperliche Aktivität und psychische Gesundheit, 2011, S.60

(1) Abbildung 1: Ergebnisse der Metaanalyse von Crews und Landers (1987)

Stoll, Oliver; Pfeffer, Ines; Alfermann, Dorothee – Lehrbuch Sportpsychologie, 2010, S. 308

Tabelle 14.1: Ergebnisse der Metaanalyse von Crews und Landers (1987)

Moderatorvariablen	Anzahl Effekte	Effektstärken (d)
Publizierte/unpublizierte Studien	51/41	0.61/0.29
Sport kurzfristig/langfristig	25/67	0.11/0.59
Männer/Frauen	57/8	0.45/0.22
Abhängige Variablen	Anzahl Effekte	Effektstärken (d)
Herzfrequenz	30	0.39
Hautreaktion	8	0.67
Elektromyographie (EMG)	3	0.87
Diastolischer Blutdruck	12	0.57
Systolischer Blutdruck	13	0.42
Selbstberichte	17	0.40

(2) Abbildung 2: Zentrale Elemente des Exercise and Self-Esteem Modells von Sonstroem und Morgan (1989)

Stoll, Oliver; Pfeffer, Ines; Alfermann, Dorothee – Lehrbuch Sportpsychologie, 2010, S. 314

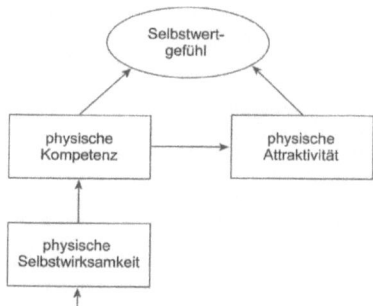

Abbildung 14.3: Zentrale Elemente des Exercise and Self-Esteem Modells von Sonstroem und Morgan (1989)

Bücher Quellen

(1) Bernett, Hajo, *Lexikon der Pädagogik*, Herder Verlag, Freiburg, 1971, Bd. 4

(2) Brand, Ralf, *Sportpsychologie,* VS Verlag, Wiesbaden 2010

(3) Brehm, Walter; Wagner, Petra, Körperlich-sportliche Aktivität und Gesundheit, in *Enzyklopädie der Psychologie – Anwendungen der Sportpsychologie,* Band 2, Hogrefe Verlag, Göttingen, 2008

(4) Digel, Werner; Kwiatowski, Gerhard, *Meyers großes Taschenlexikon*, Band 17, B.I.-Taschenbuchverlag, Mannheim/Wien/Zürich, 1987

(5) Gabler, Hartmut; Nitsch, Jürgen; Singer, Roland, *Einführung in die Sportpsychologie – Teil 2: Anwendungsfelder,* Band 3, Verlag Karl Hofmann, Schorndorf, 2001

(6) Koch, Karl; Czwalina Clemens, *Sportkunde für den Kursunterricht in der Sekundarstufe II,* Verlag Karl Hofmann, Schorndorf, 1976, 2. Auflage

(7) Möller, Hans-Jürgen; Laux, Gerd; Deister, Arno, *Psychiatrie*, Hippokrates Verlag, Stuttgart, 1996

(8) Reinhard, M., Psyche, in *Lexikon der Psychologie*, Band 3, Herder Verlag, Freiburg, 1972

(9) Röthig, Peter, *Sportwissenschaftliches Lexikon*, Verlag Karl Hofmann, Schorndorf, 2003, 4. unveränderte Auflage

(10)   Seeger, Fabian, *Coaching im Wettkampfsport – Eine empirische Untersuchung im Fußball,* Diplomica Verlag GmbH, Hamburg, 2008

(11)   Stoll, Oliver; Pfeffer, Ines; Alfermann, Dorothee, *Lehrbuch Sportpsychologie,* Verlag Hans Huber, Bern, 2010

<u>Online Quellen</u>

(1) adidas-group.com, Karriere
Abgerufen am 02.11.2018 von:
https://www.adidas-group.com/de/karriere/unser-angebot/#/through-sport-we-have-the-power-to-change-lives/

(2) duden.de, Psyche
Abgerufen am 02.11.2018 von:
https://www.duden.de/rechtschreibung/Psyche_Seele_Gemuet_Innenleben

(3) duden.de, Sport
Abgerufen am 31.10.2018 von:
https://www.duden.de/rechtschreibung/Sport

(4) Gerber, M., *Sportliche Aktivität und Stressreaktivität – Ein Review*
Abgerufen am 03.11.2018 von:
https://www.germanjournalsportsmedicine.com/fileadmin/content/archiv2008/heft07_08/ArtikelGerber.pdf

(5) Kirschling, Günter, *Begriffe und Begriffserläuterung zur Sportanalyse*
Abgerufen am 02.11.2018 von:
https://kobra.bibliothek.uni-kassel.de/bitstream/urn:nbn:de:hebis:34-2016092150967/1/KirschlingNomenklatur.pdf

(6) Wortbedeutung.info, Psyche

Abgerufen am 02.11.2018 von:

https://www.wortbedeutung.info/Psyche/

(7) Schulz, Karl-Heinz; Meyer, A.; Langguth, N. – *Körperliche Aktivität und psychische Gesundheit*

Abgerufen am 02.11.2018 von:

https://www.rki.de/DE/Content/Service/Sozialberatung/BGBL_Krprl_Akt_psych _Gesund.pdf?__blob=publicationFile

BEI GRIN MACHT SICH IHR WISSEN BEZAHLT

- Wir veröffentlichen Ihre Hausarbeit,
  Bachelor- und Masterarbeit

- Ihr eigenes eBook und Buch -
  weltweit in allen wichtigen Shops

- Verdienen Sie an jedem Verkauf

Jetzt bei www.GRIN.com hochladen und kostenlos publizieren